# परीक्षा बच्चे की, तैयारी आपकी

*घर का माहौल बदलो — बच्चे का परिणाम बदलेगा*

लेखक

**KRISHAN KANT**

M.Sc. Zoology | B.Ed. | M.A. Hindi | SET | NET-JRF

Master Diploma in Acupressure Healing System

**प्रथम संस्करण: 2026**

# भूमिका

यह किताब एक शिक्षक ने नहीं — एक पिता ने लिखी है।

जब मेरी बेटी 10वीं बोर्ड देने गई और एक पेपर अधूरा छूट गया — उस दिन मुझे समझ आया कि परीक्षा के समय माता-पिता की भूमिका कितनी महत्वपूर्ण है। न सिर्फ तैयारी में — बल्कि उस एक क्षण में भी, जब बच्चा टूटा हुआ बाहर निकले।

23 साल के शिक्षण और प्रधानाचार्य के अनुभव में मैंने देखा है — जो बच्चे परीक्षा में अच्छा करते हैं, उनके पीछे अक्सर एक सहयोगी घर होता है। और जो बच्चे दबाव में टूट जाते हैं — उनके पीछे अक्सर अच्छे इरादों वाले, लेकिन गलत दिशा में जाते माता-पिता।

यह किताब आपको पढ़ाना नहीं सिखाती। यह आपको वह घर बनाना सिखाती है — जहाँ बच्चा जानता हो कि चाहे परिणाम जो भी आए, वह सुरक्षित है।

**यह किताब उन माता-पिता के लिए है —**

जो सच में चाहते हैं कि उनका बच्चा परीक्षा में अच्छा करे और ज़िंदगी में भी खुश रहे।

*— KRISHAN KANT*

# विषय-सूची

# अध्याय १

# 12वीं बोर्ड — बच्चे के लिए वास्तव में क्या होता है?

बच्चा पढ़ाई से नहीं हारता — वो उम्मीदों के बोझ से हारता है।

> इस अध्याय में:
>
> • 12वीं के दौरान बच्चे के मन में क्या चलता है।
>
> • कौन-से बदलाव सामान्य हैं।
>
> • इस समय आपकी भूमिका क्या है।

## एक सच्ची घटना — जो सब कुछ कह देती है

सन् 2003 की बात है। मैं सिरोंज, अजमेर में विज्ञान पढ़ाता था। मेरे पड़ोसी के बेटे ने 10वीं में 65% अंक पाए। वह लड़का मेरे यहाँ पढ़ने आता था। जब 11वीं के लिए विषय चुनने का समय आया, मैंने साफ कहा —

"65% में विज्ञान-गणित लेना ठीक नहीं होगा। बच्चे को

उसकी ताकत के अनुसार विषय चुनने दीजिए।"

परिवार ने नहीं माना। बेटा कोटा गया, कोचिंग हुई, निजी स्कूल में दाखिला हुआ। दो साल बाद वही नतीजा। JEE दो बार दी — अंक नहीं आए। तब भी इंजीनियरिंग में दाखिला कराया गया।

दो साल बाद वह बच्चा मानसिक रूप से बीमार हो गया। इंजीनियरिंग छूट गई। गाँव लौटे। BA में दाखिला कराया।

> **गलती मेहनत में नहीं थी — गलती दिशा में थी। और वह दिशा बच्चे ने नहीं, परिवार ने चुनी थी।**

## 12वीं के दौरान बच्चे के मन में क्या चलता है?

हम सोचते हैं — बच्चे को बस पढ़ना है। लेकिन उसके अंदर बहुत कुछ और भी चल रहा होता है। जो दिखता नहीं, वह सबसे ज़्यादा असर करता है।

| माता-पिता के लिए 12वीं का मतलब | बच्चे के लिए 12वीं का मतलब |
|---|---|
| भविष्य की नींव | डर और अनिश्चितता |
| परिवार की प्रतिष्ठा | परिणाम की ज़िम्मेदारी |

| | |
|---|---|
| निवेश का फल | अकेलेपन का एहसास |
| मेहनत की परीक्षा | आत्मविश्वास की परीक्षा |

दोनों एक ही घटना से गुज़र रहे हैं, लेकिन अनुभव बिल्कुल अलग है। जब तक यह समझ नहीं आती — सही सहयोग देना संभव नहीं।

✦ ✦ ✦

## वह गलती — जो अनजाने में होती है

वे पड़ोसी बुरे इंसान नहीं थे। अपने बेटे से बेहद प्यार करते थे। उन्होंने पैसा लगाया, त्याग किया। फिर भी गलती हुई — क्योंकि उन्होंने बच्चे की क्षमता नहीं देखी, अपनी उम्मीद देखी।

> **याद रखें —**
>
> गलती तब नहीं होती जब आप कोशिश नहीं करते।
> गलती तब होती है जब आप सही समझ के बिना सही करने की कोशिश करते हैं।

## कौन-से बदलाव सामान्य हैं — कौन-से नहीं?

12वीं के दौरान बच्चे का व्यवहार बदलता है। यह स्वाभाविक है। लेकिन हर बदलाव चिंता का विषय नहीं है।

| सामान्य है — चिंता नहीं | ध्यान देना ज़रूरी है |
|---|---|
| कभी-कभी चिड़चिड़ा होना | तीन दिन से ज़्यादा खाना न खाना |
| कम बातें करना | 'मुझसे नहीं होगा' — बार-बार |
| थकान महसूस करना | किसी चीज़ में रुचि न रहना |
| परीक्षा की चिंता होना | बिना कारण रोना |
| कम मिलना-जुलना | खुद को नुकसान पहुँचाने की बात |

> **ज़रूरी —**
> यदि दाईं ओर का कोई भी लक्षण दिखे, तो किसी परामर्शदाता या मनोवैज्ञानिक से मिलना सबसे सही कदम है।

## इस समय आपकी सबसे महत्वपूर्ण भूमिका

यह किताब आपको पढ़ाई नहीं — बच्चे को संभालना सिखाती है। आपकी भूमिका कोच की नहीं, शिक्षक की नहीं — बल्कि एक सुरक्षित घर देने की है। जहाँ बच्चा जानता हो —

"चाहे परिणाम जो भी आए — मेरे घर में मैं सुरक्षित हूँ।"

**आज से तीन काम —**

१. 'कितना पढ़ा?' पूछना बंद करें।

२. आज एक सवाल पूछें — 'मन कैसा है?'

३. बच्चे को कहें — 'तुम्हारी कीमत अंकों से नहीं है।'

◆ ◆ ◆

**अध्याय सार**

१. माता-पिता और बच्चे के लिए 12वीं का अनुभव बिल्कुल अलग है।

२. बच्चा उम्मीदों के बोझ से हारता है, पढ़ाई से नहीं।

३. गलती दिशा में होती है, मेहनत में नहीं।

४. सामान्य और चिंताजनक बदलाव पहचानना ज़रूरी है।

५. आपकी भूमिका: एक सुरक्षित घर देना।

# अध्याय २

# माता-पिता की दस सबसे आम गलतियाँ

जो सबसे अच्छे इरादे से भी होती हैं।

> यह अध्याय माता-पिता को दोषी ठहराने के लिए नहीं है।
> यहाँ दी गई हर गलती प्यार भरे इरादे से होती है।
> लेकिन जब दिशा गलत हो — तो मेहनत भी नुकसान कर सकती है।

## गलती १ — क्षमता से ऊँची उम्मीद

65% में विज्ञान-गणित। 60% में इंजीनियरिंग। यह महत्वाकांक्षा नहीं — यह बेमेल है। जब अपेक्षा और क्षमता में फ़र्क होता है, तो बच्चा टूटता है।

## गलती २ — बच्चे की बात न सुनना

'मुझे यह विषय नहीं चाहिए' — यह वाक्य माता-पिता अक्सर उपदेश से दबा देते हैं। जो बच्चा नहीं सुना जाता, वह धीरे-धीरे बात करना बंद कर देता है।

## गलती ३ — अंकों को पहचान बना देना

'हमारे परिवार में 90% से कम नहीं।' यह एक वाक्य बच्चे को बताता है — तुम अंकों के बिना कुछ नहीं हो। यह बोझ धीरे-धीरे उसकी पहचान को कुचलता है।

## गलती ४ — तुलना — सबसे ज़हरीली आदत

'शर्मा जी के बेटे ने बिना कोचिंग के 95% लाए।' यह एक वाक्य बच्चे के मन में बैठ जाता है — मैं कभी काफी नहीं हूँ। तुलना प्रेरणा नहीं देती, घाव देती है।

## गलती ५ — निवेश की भाषा में बात करना

'इतना खर्च किया — अब तो परिणाम दो।' यह सुनकर बच्चा पढ़ाई नहीं, कर्ज़ चुकाने की कोशिश करता है। यह मानसिक बोझ पढ़ाई से बड़ा हो जाता है।

## गलती ६ — अपनी घबराहट बच्चे तक पहुँचाना

माता-पिता की बेचैनी घर की हवा में घुल जाती है। बच्चा उसे साँस के साथ अंदर ले लेता है। जब घर में डर हो, तो बच्चा पढ़ाई में नहीं, उस डर को सँभालने में ऊर्जा लगाता है।

## गलती ७ — सब निर्णय खुद करना

समय-सारणी, विषय, कॉलेज, कैरियर — सब माता-पिता तय करते हैं। बच्चा सिर्फ अमल करता है। इससे उसमें ज़िम्मेदारी नहीं, निर्भरता बढ़ती है।

## गलती ८ — 'एक ही रास्ता' वाली सोच

NEET या JEE — वरना सब बेकार। यह सोच बच्चे को एक ही दरवाज़े के सामने खड़ा करती है। जब वह दरवाज़ा नहीं खुलता, तो उसे कोई रास्ता नज़र नहीं आता।

## गलती ९ — शौक को दुश्मन मानना

गिटार वाले मामले में — पिता ने गिटार बंद करवाया। नतीजा और ज़्यादा तनाव हुआ। शौक बच्चे का दबाव निकालने का ज़रिया होता है। उसे बंद करना दबाव बढ़ाता है।

## गलती १० — परिणाम की भविष्यवाणी करके दबाव देना

'तुम 90+ लाओगे' या 'तुम असफल हो जाओगे' — दोनों हानिकारक हैं। एक झूठी उम्मीद, दूसरा अनावश्यक भय। बच्चे को भविष्यवाणी नहीं, वर्तमान में सहयोग चाहिए।

◆ ◆ ◆

> **आज ईमानदारी से खुद से पूछें —**
>
> इन दस में से मैं कितनी गलतियाँ करता/करती हूँ?
>
> मेरी सबसे बड़ी गलती कौन-सी है?
>
> अगले सात दिन में मैं क्या बदलूँगा/बदलूँगी?

> **अध्याय सार**
>
> १. गलतियाँ बुरे इरादे से नहीं, गलत दिशा से होती हैं।
>
> २. बच्चा आपकी बात नहीं, आपका व्यवहार देखता है।
>
> ३. तुलना, अपेक्षा और नियंत्रण — ये तीन सबसे आम गलतियाँ हैं।
>
> ४. शौक को बंद करने से तनाव बढ़ता है, कम नहीं होता।

## ५. बच्चे को भविष्यवाणी नहीं, अभी सहयोग चाहिए।

# अध्याय ३

# दबाव और सहयोग में फ़र्क

बच्चे को धकेलने से नहीं, साथ चलने से काम होता है।

## दबाव और सहयोग — दो अलग रास्ते

माता-पिता अक्सर सोचते हैं — बच्चे को धकेलना ज़रूरी है, वरना वह आगे नहीं बढ़ेगा। लेकिन धकेलना और साथ चलना — दोनों का असर बिल्कुल अलग होता है।

| दबाव का असर | सहयोग का असर |
|---|---|
| बच्चा डर से पढ़ता है | बच्चा समझकर पढ़ता है |
| गलती करने से डरता है | गलती से सीखता है |
| नतीजे की चिंता में रहता है | प्रक्रिया पर ध्यान देता है |
| अकेला महसूस करता है | साथ महसूस करता है |
| परीक्षा खत्म होने पर राहत | परीक्षा के बाद आगे बढ़ता है |

## सहयोग कैसे दें?

> पूछें — 'आज कहाँ तक पहुँचे?' न कि 'कितना बचा है?'
> कहें — 'मुझे पता है यह मुश्किल है।'
> दिखाएं — शांत रहकर अपनी मौजूदगी से।

सहयोग का मतलब यह नहीं कि बच्चे की हर बात मान लें। सहयोग का मतलब है — उसकी मुश्किलों को समझकर आगे बढ़ने में मदद करना।

> **बच्चे को जो सबसे ज़्यादा ज़रूरत है वह यह है — 'माँ-पापा मेरे साथ हैं, मेरे खिलाफ नहीं।'**

✦ ✦ ✦

> **अध्याय सार**
>
> १. दबाव डर से पढ़ाता है, सहयोग समझकर पढ़ाता है।
> २. साथ चलना धकेलने से बेहतर है।
> ३. सहयोग का मतलब हर बात मानना नहीं — समझना है।

# अध्याय ४

# घर का माहौल — बच्चे की सबसे बड़ी ताकत

घर का माहौल बदलो — बच्चे का परिणाम बदलेगा।

## घर का माहौल क्यों ज़रूरी है?

बच्चा दिन में आठ-दस घंटे स्कूल या कोचिंग में बिताता है। लेकिन बाकी समय घर में होता है। घर का माहौल उसकी पढ़ाई, नींद, मनोदशा — सब पर असर डालता है।

| घर में यह हो | घर में यह न हो |
|---|---|
| शांत, सामान्य बातचीत | हर वक्त परीक्षा की चर्चा |
| बच्चे की बात सुनना | बात काटकर उपदेश देना |
| खाना समय पर | टीवी और फ़ोन पर शोर |
| रात को सोने की आदत | देर तक जागना |
| छोटी जीत की तारीफ | हर बात में कमी निकालना |

## शांत घर कैसे बनाएं?

घर में शांति का मतलब खामोशी नहीं। मतलब यह है — जहाँ बच्चा बिना डर के बात कर सके, गलती कर सके, और जान सके कि माँ-पापा उसके साथ हैं।

> **आज से —**
>
> परीक्षा की बात हर समय न करें।
>
> खाने की मेज पर हँसी-मज़ाक होने दें।
>
> बच्चे की एक छोटी उपलब्धि की रोज़ तारीफ करें।

✦ ✦ ✦

> **अध्याय सार**
>
> १. घर का माहौल बच्चे की तैयारी का हिस्सा है।
>
> २. शांत घर का मतलब खामोशी नहीं — सुरक्षित महसूस करना है।
>
> ३. छोटी-छोटी आदतें माहौल बदलती हैं।

# अध्याय ५

# मोबाइल, इंटरनेट और ध्यान

मोबाइल दुश्मन नहीं — अनुशासन की ज़रूरत है।

## मोबाइल की समस्या क्या है?

मोबाइल खुद समस्या नहीं है। समस्या है — बिना सीमा के उपयोग। जब बच्चा पढ़ाई के बीच में बार-बार फ़ोन देखता है, तो उसकी एकाग्रता टूटती है।

> शोध बताता है — मोबाइल साथ रखने से ध्यान 20% कम होता है, भले ही फ़ोन बंद हो।
> मोबाइल को पढ़ाई की जगह से दूर रखें — यह सबसे आसान बदलाव है।

## व्यावहारिक नियम

| यह करें | यह न करें |
|---|---|
| पढ़ाई के समय मोबाइल दूसरे कमरे में | पढ़ाई के बीच फ़ोन पास रखना |

| | |
|---|---|
| एक घंटे की पढ़ाई के बाद 10 मिनट फ़ोन | पढ़ाई और फ़ोन साथ-साथ |
| रात 10 बजे बाद मोबाइल बंद | रात को देर तक रील देखना |
| खुद भी फ़ोन कम चलाएं | माँ-पापा फ़ोन पर, बच्चे से पढ़ाई की माँग |

> **नियम बनाएं — बच्चे के साथ मिलकर। थोपे हुए नियम टूटते हैं।**

✦ ✦ ✦

> **अध्याय सार**
>
> १. मोबाइल दुश्मन नहीं — बिना सीमा का उपयोग दुश्मन है।
>
> २. पढ़ाई के दौरान मोबाइल दूर रखना सबसे आसान बदलाव है।
>
> ३. नियम बच्चे के साथ मिलकर बनाएं।
>
> ४. खुद भी उदाहरण बनें।

# अध्याय ६

# नींद, खाना और दिनचर्या

जो शरीर ठीक रहे, वही दिमाग तेज़ चलता है।

## नींद — सबसे ज़रूरी, सबसे अनदेखी ज़रूरत

परीक्षा के दिनों में बच्चे अक्सर देर रात तक पढ़ते हैं। माता-पिता भी सोचते हैं — देर तक पढ़ रहा है, यानी मेहनत हो रही है। लेकिन यह सोच गलत है।

> नींद में दिमाग जो दिन में सीखता है, उसे पक्का करता है। रात को 7-8 घंटे की नींद परीक्षा की तैयारी का हिस्सा है। रात 10 बजे सोना और सुबह 5-6 बजे उठना — यह सबसे अच्छी दिनचर्या है।

## खाना — ईंधन है, बोझ नहीं

परीक्षा के दिनों में कुछ बच्चे खाना भूल जाते हैं, कुछ बहुत ज़्यादा खाते हैं। दोनों ही नुकसानदेह हैं। घर का सादा, पौष्टिक खाना सबसे अच्छा है।

## सामान्य दिनचर्या कैसी हो?

| समय | बच्चा | माता-पिता |
|---|---|---|
| सुबह 5:30-6:00 | उठना, ताज़ा होना | नाश्ता तैयार करें |
| 6:00-8:00 | पढ़ाई (ताज़े दिमाग से) | शांत माहौल रखें |
| 8:00-8:30 | नाश्ता | साथ बैठें |
| रात 10:00 | सोना | फ़ोन दूर रखें, बत्ती बंद |

> **एक सामान्य दिनचर्या — बिना दबाव के — बच्चे को स्थिरता देती है।**

◆ ◆ ◆

> **अध्याय सार**
>
> १. नींद दिमाग की मरम्मत करती है — यह पढ़ाई का हिस्सा है।
>
> २. घर का सादा खाना सबसे अच्छा है।
>
> ३. सामान्य दिनचर्या बच्चे को स्थिरता देती है।

# अध्याय ७

# 90 दिनों की अध्ययन योजना

'बस पढ़ो' से काम नहीं चलता — दिशा चाहिए।

## 90 दिन — तीन चरण

90 दिनों को तीन चरणों में बाँटें। हर चरण का अपना काम है।

| चरण | दिन | काम |
|---|---|---|
| पहला — नई पढ़ाई | 1-30 | नए अध्याय + कमज़ोर विषय |
| दूसरा — दोहराव | 31-60 | सब विषयों की पुनरावृत्ति |
| तीसरा — परीक्षा तैयारी | 61-90 | अभ्यास परीक्षा + सूत्र |

## हर दिन का नियम — तीन विषय

> **हर दिन यह तीन विषय लें —**

> १. एक कमज़ोर विषय — जिसमें ध्यान ज़्यादा चाहिए।
> २. एक मध्यम विषय — जो ठीक है।
> ३. एक मज़बूत विषय — आत्मविश्वास के लिए।

## माता-पिता की भूमिका

माता-पिता का काम योजना बनाना नहीं है — बल्कि माहौल देना है। हर रविवार पाँच मिनट पूछें — 'इस हफ्ते क्या अच्छा गया? कहाँ मदद चाहिए?'

> **योजना बनाएं — बच्चे के साथ। थोपी हुई योजना काम नहीं करती।**

✦ ✦ ✦

> **अध्याय सार**
>
> १. 90 दिन को तीन चरणों में बाँटें।
> २. हर दिन तीन विषय — कमज़ोर, मध्यम, मज़बूत।
> ३. माता-पिता योजना नहीं, माहौल दें।

# अध्याय ८

# साप्ताहिक और दैनिक लक्ष्य

हर दिन एक लक्ष्य — हर हफ्ते एक दिशा।

## साप्ताहिक योजना में क्या हो?

> इस हफ्ते कौन-से अध्याय पढ़ने हैं।
>
> कौन-से कमज़ोर विषय पर ध्यान देना है।
>
> एक 'बफर दिन' — अगर कुछ रह जाए तो।

## दैनिक योजना — रात को पाँच मिनट

सोने से पहले पाँच मिनट में अगले दिन की योजना बनाएं। इससे सुबह की भटकन कम होती है।

| दैनिक योजना में | क्यों ज़रूरी है |
|---|---|
| एक मुख्य लक्ष्य | दिन का सबसे ज़रूरी काम पहले |
| तीन विषय | संतुलन बना रहे |

| | |
|---|---|
| एक कमज़ोर विषय | धीरे-धीरे मज़बूत होगा |
| विराम का समय | थकान बिना अपराधबोध के |
| शाम की जाँच | क्या हुआ, क्या नहीं |

> **शाम की जाँच बच्चा खुद करे — माता-पिता नहीं। इससे ज़िम्मेदारी उसकी बनती है।**

> **अध्याय सार**
>
> १. साप्ताहिक योजना दिशा देती है।
>
> २. दैनिक योजना रात को पाँच मिनट में बनाएं।
>
> ३. शाम की जाँच बच्चा खुद करे।

# अध्याय ९

# दोहराव और अभ्यास परीक्षा

जो बार-बार दोहराया जाए, वही याद रहता है।

## दोहराव — टंकी भरने का काम

पहली बार पढ़ने के 24 घंटे बाद 50% भूल जाता है। एक हफ्ते बाद 80%। इसीलिए बच्चा कहता है — 'पढ़ा था, याद नहीं।' दोहराव वह काम करता है जो टंकी को भरे रखता है।

| दोहराव | कब | कैसे |
|---|---|---|
| पहला (R1) | 24-48 घंटे में | संक्षिप्त नोट्स देखें |
| दूसरा (R2) | एक हफ्ते में | सूत्र पत्रक |
| तीसरा (R3) | एक महीने में | त्वरित दोहराव |

## अभ्यास परीक्षा — तलवार पर धार

जो बच्चे अभ्यास परीक्षा नहीं देते, वे असली परीक्षा में आश्चर्यचकित होते हैं। जो नियमित अभ्यास परीक्षा देते हैं, वे तैयार जाते हैं।

**अभ्यास परीक्षा के नियम —**

हफ्ते में दो अभ्यास परीक्षाएं।

समय-सीमा में दें — असली परीक्षा जैसे।

गलतियों का विश्लेषण ज़रूरी है — अंक नहीं।

**माता-पिता — अभ्यास परीक्षा के बाद**

□ यह मत पूछें — 'कितने अंक आए?'

□ यह पूछें — 'इस परीक्षा से क्या पता चला? कहाँ और काम करना है?'

✦ ✦ ✦

**अध्याय सार**

१. दोहराव के बिना 80% भूल जाता है।

२. R1, R2, R3 का चक्र अपनाएं।

३. अभ्यास परीक्षा — अंक नहीं, गलतियाँ देखें।

# अध्याय १०

# अभ्यास परीक्षा — तलवार पर धार

अंक नहीं — असली तैयारी का आईना।

## पहली अभ्यास परीक्षा — धड़ाम से गिरना ज़रूरी है

जब बच्चा पढ़ता है, उसे लगता है सब याद है। लेकिन पहली अभ्यास परीक्षा में वह धड़ाम से नीचे गिरता है। यह विफलता नहीं — यह निदान है।

> "जैसे डॉक्टर पहले जाँच करता है, फिर इलाज — अभ्यास परीक्षा वही जाँच है।"

## गलतियों का विश्लेषण — सबसे ज़रूरी

अभ्यास परीक्षा देने से ज़्यादा ज़रूरी है — उसके बाद का विश्लेषण। हर गलत उत्तर के लिए तीन सवाल —

> १. अवधारणा गलत थी? → वह विषय फिर से पढ़ें।
>
> २. गणना की गलती? → अभ्यास बढ़ाएं।

> ३. समय की कमी? → गति और समय प्रबंधन।

| अभ्यास परीक्षा के बाद करें | अभ्यास परीक्षा के बाद न करें |
|---|---|
| 'क्या सीखा?' — विश्लेषण में मदद | अंकों की तुलना दोस्तों से |
| कमज़ोर विषयों की सूची बनाएं | 'इतना ही आया?' — निराशा दिखाना |
| अगले हफ्ते की तैयारी अपडेट करें | तुरंत अगली परीक्षा का दबाव |
| सामान्य गर्मजोशी — खाना, आराम | बार-बार परीक्षा की बात करना |

✦ ✦ ✦

> **अध्याय सार**
>
> १. पहली अभ्यास परीक्षा में कम अंक — निदान है, विफलता नहीं।
>
> २. गलतियों का विश्लेषण सबसे ज़रूरी है।
>
> ३. माता-पिता का पहला सवाल: 'क्या सीखा?' — अंक नहीं।

# अध्याय ११

# बच्चा चिड़चिड़ा, चुप या गुस्से वाला हो जाए तो क्या करें?

यह बदलाव जिद नहीं — थकान और डर की निशानी है।

> इस अध्याय में:
>
> • बच्चे का व्यवहार क्यों बदलता है।
>
> • चार तरह के बदलाव और उनके पीछे की असली बात।
>
> • माता-पिता क्या करें, क्या न करें।

"पहले वो हमेशा बात करती थी। अब कमरे में बंद रहती है। पूछो तो बस 'ठीक है' कहकर चुप हो जाती है। — एक माँ"

## यह बदलाव क्यों होता है?

जब दिमाग पर बहुत ज़्यादा बोझ होता है, तो वह दो ही काम करता है — या तो अंदर सिकुड़ जाता है, या बाहर फट पड़ता है। बच्चों में यही दिखता है।

इसके पीछे हैं — परीक्षा में अच्छा न करने का डर, माता-पिता को निराश करने की चिंता, दोस्तों से पिछड़ने का अहसास, नींद की कमी।

> **चिड़चिड़ापन, गुस्सा और चुप्पी — तीनों एक ही दर्द के तीन चेहरे हैं।**

## चार तरह के बदलाव — और क्या करें

| स्थितिः बच्चा चिड़चिड़ा है — छोटी बात पर भड़क जाता है | |
|---|---|
| ☐ गलत प्रतिक्रिया | ☐ बेहतर प्रतिक्रिया |
| "तुम्हें क्या हो गया है? इतना गुस्सा क्यों?"<br>बच्चे को लगता है: घर में भी समझा नहीं जाता। | "लग रहे हो थके हुए। थोड़ा आराम करो। मैं हूँ।"<br>बच्चे को लगता है: माँ-पापा समझते हैं। यहाँ सुरक्षित हूँ। |

| स्थितिः बच्चा चुप है — कमरे में बंद रहता है | |
|---|---|
| ☐ गलत प्रतिक्रिया | ☐ बेहतर प्रतिक्रिया |

| | |
|---|---|
| "क्या हो गया? पूछो तो कुछ बताते नहीं।"<br>बच्चे को लगता है: बोलूँगा तो और दबाव आएगा। | "कोई बात नहीं। जब मन हो बात करना — मैं यहाँ हूँ।"<br>बच्चे को लगता है: दरवाज़ा खुला है जब चाहूँ जा सकता हूँ। |

| स्थिति: बच्चे का अचानक गुस्सा फूट पड़ा | |
|---|---|
| ☐ गलत प्रतिक्रिया | ☐ बेहतर प्रतिक्रिया |
| "यह क्या तरीका है? घर में ऐसे नहीं चलेगा।"<br>बच्चे को लगता है: मेरी भावनाएँ गलत हैं — मैं गलत हूँ। | "रुको। जब शांत हो जाओ — साथ बैठते हैं।"<br>बच्चे को लगता है: गुस्सा ठीक है। माँ-पापा नहीं गए। |

## सच्ची घटना — गिटार और NEET

एक पिता आए — बेटा NEET नहीं देना चाहता था। मैंने पूछा — 'शौक क्या है?' बोले — 'गिटार। पर मैंने बंद करवा दिया है।'

मैंने कहा — गिटार उसे सुकून देता है। बजाने दो।

> **नतीजा — 2022**
>
> बेटे ने गिटार भी बजाया, 12वीं भी पढ़ी।
>
> 81% अंक + NEET उत्तीर्ण — क्योंकि सुकून का ज़रिया बंद

नहीं हुआ।

**शौक बच्चे का दबाव निकालने का ज़रिया है। उसे बंद करने से दबाव बढ़ता है।**

## कब बात करें — कब जगह दें?

| अभी जगह दें | अभी बात करें |
|---|---|
| जब बच्चा अभी भड़का हुआ हो | जब दो-तीन दिन से बात नहीं हुई |
| जब आप खुद तनाव में हों | जब आँखों में आँसू हों — रो नहीं रहा |
| जब वह पढ़ाई में ध्यान लगाए हो | जब बात करना चाहे पर हिचकिचा रहा हो |

**जगह देते वक्त — यह ज़रूर कहें**

देख रहा/रही हूँ कि तू ठीक नहीं है। कोई बात नहीं। जब बात करनी हो — मैं यहाँ हूँ।

□ **इन लक्षणों पर तुरंत ध्यान दें**

- तीन दिन से ज़्यादा खाना बहुत कम हो।
- बिना वजह लगातार रोना।
- 'मुझसे नहीं होगा' — बार-बार।
- खुद को नुकसान पहुँचाने की कोई भी बात।

इनमें से कुछ भी दिखे — किसी परामर्शदाता से मिलें।

**अध्याय सार**

१. चिड़चिड़ापन, चुप्पी, गुस्सा — एक ही दर्द के तीन चेहरे हैं।

२. शौक बच्चे का दबाव निकालने का ज़रिया है — बंद न करें।

३. जगह देते वक्त 'मैं हूँ' ज़रूर कहें।

४. गंभीर लक्षण दिखें तो परामर्शदाता से मिलें।

# अध्याय १२

# डर, घबराहट और तुलना को कैसे संभालें?

बच्चे की घबराहट का इलाज — घर के माहौल में है।

"पापा को बहुत तनाव है — उससे मुझे भी डर लग रहा है।
— एक बच्चा, 2023"

## सच्ची घटना — हाथ काँपना

2023 में एक मित्र ने फ़ोन किया। बेटा 12वीं दे रहा था। समस्या — जब भी उत्तर लिखना शुरू करता, 2-3 पंक्तियों के बाद हाथ काँपने लगता।

जब बेटे से मिला तो पहले इधर-उधर की बातें हुईं। फिर धीरे से बोला —

"पापा को बहुत तनाव है — उससे मुझे भी डर लग रहा है।"

हाथ नहीं काँप रहा था — बेटे का मन काँप रहा था। पिता की घबराहट उसके अंदर घुस गई थी।

मैंने बेटे को एक्यूप्रेशर और श्वास तकनीक से उपचार दिया। पिता को अलग से समझाया — 'तुम्हारा तनाव तुम्हारे बेटे तक पहुँच रहा है। खुद शांत रहो।'

> **नतीजा**
>
> बेटे ने 12वीं दी — हाथ नहीं काँपा। अगले साल NEET उत्तीर्ण किया।
>
> जब यह किताब लिखी — वह गोवा से MBBS कर रहा था।
>
> ✔ क्योंकि पहले पिता की घबराहट ठीक हुई, फिर बेटे की।
>
> **बच्चे की घबराहट का इलाज अक्सर बच्चे में नहीं — माता-पिता के व्यवहार में होता है।**

## 12वीं के दौरान बच्चों के आम डर

| डर | बच्चे के मन में |
|---|---|
| असफलता का डर | 'अगर असफल हो गया तो माँ-पापा को कैसे मुँह दिखाऊँगा?' |
| कैरियर का डर | 'विज्ञान ली है तो NEET ही देना होगा — वरना सब बेकार।' |
| रिश्तेदारों का दबाव | 'अगले उत्सव में चाचा पूछेंगे |

| | |
|---|---|
| | — कितने प्रतिशत आए?' |
| तुलना का डर | 'प्रिया 12 घंटे पढ़ रही है — मैं क्या कर रहा हूँ?' |

## माता-पिता की तुलना — सबसे गहरी चोट

रिश्तेदार तुलना करें — बच्चा अनदेखा कर सकता है। दोस्त करें — संभाल सकता है। लेकिन जब माँ या पापा तुलना करें — यह सबसे गहरी चोट होती है।

> **कभी न कहें** —
> 'शर्मा जी के बेटे ने बिना कोचिंग के 95% लाए — और तुम...'
> यह वाक्य बच्चे के मन में एक संदेश छोड़ता है — मैं कभी पर्याप्त नहीं हूँ।

## घबराहट कम करने के पाँच तरीके

> **माता-पिता आज से करें** —
> १. साथ में गहरी साँसें लें — 'चलो एक बार साथ में करते हैं।'
> २. चिंताएँ कागज़ पर लिखवाएं — डर लिखने पर छोटे

लगते हैं।

३. शाम को 15-20 मिनट की सैर साथ में — बिना किसी एजेंडे के।

४. पिछली मुश्किलें याद दिलाएं — 'याद है जब तुमने... किया था?'

५. खुद शांत रहें — आपकी शांति बच्चे की शांति है।

## अंक और मानसिक शांति — दोनों साथ

अंक परिणाम हैं। प्रक्रिया कारण है। जब आप अंकों की चिंता करते हैं, तो आप वह नियंत्रित करने की कोशिश करते हैं जो आपके हाथ में नहीं है। जब आप प्रक्रिया में मदद करते हैं — दिनचर्या, दोहराव, आराम, भावनात्मक सहयोग — तो आप वह करते हैं जो वाकई आपके हाथ में है।

**जो माता-पिता प्रक्रिया पर ध्यान देते हैं — उनके बच्चे परिणाम में बेहतर करते हैं।**

✦ ✦ ✦

**अध्याय सार**

१. बच्चे की घबराहट का इलाज अक्सर माता-पिता के व्यवहार में है।

२. आपका तनाव बच्चे तक पहुँचता है।

३. माता-पिता की तुलना सबसे गहरी चोट है।

४. प्रक्रिया पर ध्यान दें — परिणाम अपने आप आएगा।

# अध्याय १३

# परिणाम से पहले और बाद में माता-पिता का व्यवहार

आज बच्चे को अंकों की ज़रूरत नहीं — माता-पिता की ज़रूरत है।

## सीकर की वह वीडियो

नवंबर 2025 में सीकर के एक सरकारी विद्यालय में प्रधानाचार्य के रूप में जॉइन किया। पहले साल 45 में से सिर्फ 15-20 पहला दर्जा। मेहनत थी, पर दिशा नहीं।

मैंने चार काम किए — हर बच्चे को प्रेरित किया, उत्तर लिखने का तरीका सिखाया, पुराने प्रश्नपत्र हल करवाए, और घर तक दिशा दी — माता-पिता को भी बताया कि क्या करें।

परिणाम का दिन आया — मैं विद्यालय नहीं जा सका। तब स्टाफ ने वीडियो भेजा।

> **सीकर का परिणाम — 2026**
>
> कला विभाग: 36 में से 30 पहला दर्जा।
>
> कृषि विज्ञान: सभी 8 के 8 पहला दर्जा।

> 10 लड़कियाँ गार्गी पुरस्कार के लिए चयनित।
>
> 15-20 से 38 पहला दर्जा। एक सरकारी विद्यालय ने पूरे गाँव को चौंका दिया।
>
> **यह परिणाम अंकों का नहीं — दिशा, प्रेरणा और घर तक सहयोग का था।**

## परिणाम से पहले — घर कैसा हो?

| घर में यह हो | घर में यह न हो |
|---|---|
| सामान्य बातचीत | हर बातचीत में परिणाम की चर्चा |
| 'तूने मेहनत की है' — बस यह काफी | 'कितने प्रतिशत आएंगे?' — बार-बार |
| रिश्तेदारों को 'बाद में' कहना | दबाव देने वाले फ़ोन कॉल |
| 'जो होगा — हम साथ हैं' | आपकी खुद की घबराहट दिखाना |

## परिणाम के बाद — स्थितियाँ और प्रतिक्रियाएं

| स्थितिः परिणाम उम्मीद से कम आया — 55% |
|---|

| □ गलत प्रतिक्रिया | □ बेहतर प्रतिक्रिया |
|---|---|
| "इतना पढ़ाया था — फिर भी? कोचिंग का पैसा बेकार गया।"<br>बच्चे को लगता है: लज्जा और अस्वीकृति एक साथ। | "आओ, पहले पानी पीते हैं। यह एक परिणाम है — तुम नहीं।"<br>बच्चे को लगता है: सुरक्षित उतरान। ठीक होना यहाँ से शुरू होगा। |

**स्थिति: एक विषय में असफल हुआ**

| □ गलत प्रतिक्रिया | □ बेहतर प्रतिक्रिया |
|---|---|
| "क्या किया? घर में कैसे मुँह दिखाएंगे?"<br>बच्चे को लगता है: लज्जा और गहरी घबराहट — अगली परीक्षा और मुश्किल। | "पूरक परीक्षा होती है — रास्ता बंद नहीं है। साथ हैं।"<br>बच्चे को लगता है: समाधान दिखता है। |

**परिणाम दिवस के तीन नियम**

१. पहले 10 मिनट — कुछ मत बोलें। बस बच्चे के साथ बैठें।

२. पहली बात — जुड़ाव की हो, मूल्यांकन की नहीं: 'मैं हूँ।'

३. भविष्य की योजना — आज नहीं। कम से कम 24-48 घंटे बाद।

## परिणाम के बाद — आगे की योजना कब?

| दिन | क्या करें |
|---|---|
| दिन ० (परिणाम का दिन) | कोई योजना नहीं। बस गर्मजोशी। |
| दिन 1-2 | भावनाएँ संसाधित होने दें। |
| दिन 3-5 | 'जब तैयार हो — विकल्पों पर बात करते हैं।' |
| दिन 5+ | बच्चे की रुचि और यथार्थवादी रास्ते। |

◆ ◆ ◆

**अध्याय सार**

१. सीकर का परिणाम — दिशा और घर का सहयोग मिले तो बच्चे चमत्कार करते हैं।

२. परिणाम से पहले: शांत माहौल, तुलना नहीं।

३. तीन नियम: 10 मिनट चुप्पी, पहले जुड़ाव, योजना 48 घंटे बाद।

४. भविष्य की चर्चा दिन ५+ पर — दिन ० पर नहीं।

# अध्याय १४

# साप्ताहिक अभिभावक जाँच सूची

हर रविवार — 15 मिनट | ईमानदारी से भरें

> यह जाँच सूची आत्म-मूल्यांकन के लिए है — दोष देने के लिए नहीं।
> हर रविवार शाम शांति से भरें। हर हफ्ते बेहतर होने का मौका।

| ☐ दिनांक: ________________ | ☐ सप्ताह: _____ / 13 | चरण: ☐1 ☐2 ☐3 |
|---|---|---|

हर item: ☐नहीं (1) | ☐थोड़ा (2) | ☐हाँ (3) — अंक = हाँ×3 + थोड़ा×2 + नहीं×1

## अनुभाग अ — दिनचर्या और स्वास्थ्य

| ✓ | दिनचर्या और स्वास्थ्य | नहीं | थोड़ा | हाँ |
|---|---|---|---|---|
| ☐ | बच्चा रात 10-10:30 तक सो गया — कम से कम 5 दिन? | ☐नहीं | ☐ थोड़ा | ☐हाँ |

| | | | | |
|---|---|---|---|---|
| ☐ | तीनों समय का भोजन नियमित था?<br>अनियमित या बहुत देर से नहीं। | ☐नहीं | ☐ थोड़ा | ☐हाँ |
| ☐ | रोज़ 20-30 मिनट शारीरिक गतिविधि मिली?<br>सैर, खेल, व्यायाम। | ☐नहीं | ☐ थोड़ा | ☐हाँ |
| ☐ | सुबह 5:30-6 बजे तक उठा — कम से कम 5 दिन? | ☐नहीं | ☐ थोड़ा | ☐हाँ |
| ☐ | पढ़ाई की जगह पानी उपलब्ध था? | ☐नहीं | ☐ थोड़ा | ☐हाँ |

**अनुभाग अ Score: _____ / 15** (हाँ×3 + थोड़ा×2 + नहीं×1)

> इस सप्ताह दिनचर्या में सबसे बड़ी चुनौती:

## अनुभाग ब — पढ़ाई और योजना

| ✓ | पढ़ाई और योजना | नहीं | थोड़ा | हाँ |
|---|---|---|---|---|
| ☐ | इस सप्ताह का स्पष्ट लक्ष्य था? | ☐नहीं | ☐ थोड़ा | ☐हाँ |

| | | | | |
|---|---|---|---|---|
| ☐ | साप्ताहिक लक्ष्य 70% या उससे अधिक पूर्ण हुआ? 100% नहीं — 70% व्यावहारिक लक्ष्य है। | ☐नहीं | ☐ थोड़ा | ☐हाँ |
| ☐ | कमज़ोर विषय को मज़बूत विषय जितना समय मिला? | ☐नहीं | ☐ थोड़ा | ☐हाँ |
| ☐ | नई पढ़ाई के साथ-साथ दोहराव भी हुआ? | ☐नहीं | ☐ थोड़ा | ☐हाँ |
| ☐ | दैनिक सूक्ष्म-योजना बनाने की आदत दिखी? | ☐नहीं | ☐ थोड़ा | ☐हाँ |
| ☐ | पढ़ाई की जगह शांत और ध्यान भटकाने से मुक्त थी? | ☐नहीं | ☐ थोड़ा | ☐हाँ |

**अनुभाग ब Score:** ______ **/ 18** (हाँ×3 + थोड़ा×2 + नहीं×1)

> पढ़ाई में इस सप्ताह सबसे ज़्यादा सुधार किसमें दिखा?

## अनुभाग स — संवाद

| ✓ संवाद | नहीं | थोड़ा | हाँ |
|---|---|---|---|

| | | | | |
|---|---|---|---|---|
| ☐ | बच्चे से एक बार बिना पढ़ाई की बात हुई? | ☐नहीं | ☐ थोड़ा | ☐हाँ |
| ☐ | बच्चे की बात पहले सुनी — तुरंत सलाह नहीं दी?<br>सुनना > सुझाव देना। | ☐नहीं | ☐ थोड़ा | ☐हाँ |
| ☐ | किसी भावना को महत्व दिया — अनदेखा नहीं किया? | ☐नहीं | ☐ थोड़ा | ☐हाँ |
| ☐ | किसी छोटी उपलब्धि की सच्ची प्रशंसा की? | ☐नहीं | ☐ थोड़ा | ☐हाँ |
| ☐ | बच्चे का व्यवहार — 'ज़िद' नहीं, 'थकान' की नज़र से देखा? | ☐नहीं | ☐ थोड़ा | ☐हाँ |
| ☐ | एक भोजन बिना परीक्षा की चर्चा के हुआ? | ☐नहीं | ☐ थोड़ा | ☐हाँ |

**अनुभाग स Score:** _____ **/ 18** (हाँ×3 + थोड़ा×2 + नहीं×1)

> संवाद में इस सप्ताह क्या बेहतर हो सकता था?

## अनुभाग द — दबाव और माहौल

| ✓ | दबाव और माहौल | नहीं | थोड़ा | हाँ |
|---|---|---|---|---|
| ☐ | बच्चे की तुलना किसी से नहीं की?<br>मित्र, रिश्तेदार — किसी से भी। | ☐नहीं | ☐ थोड़ा | ☐हाँ |
| ☐ | टीवी और ऊँची आवाज़ें — पढ़ाई के घंटों में नियंत्रण में थीं? | ☐नहीं | ☐ थोड़ा | ☐हाँ |
| ☐ | बच्चे को कम से कम एक वास्तविक मुक्त समय मिला?<br>बिना अपराधबोध के। | ☐नहीं | ☐ थोड़ा | ☐हाँ |
| ☐ | अप्रत्याशित घटनाओं ने दिनचर्या नहीं बाधित की? | ☐नहीं | ☐ थोड़ा | ☐हाँ |
| ☐ | मेरी अपनी घबराहट बच्चे तक नहीं पहुँची? | ☐नहीं | ☐ थोड़ा | ☐हाँ |

**अनुभाग द Score:** _____ **/ 15** (हाँ×3 + थोड़ा×2 + नहीं×1)

> इस सप्ताह घर में सबसे ज़्यादा तनाव किस बात से आया?

## अनुभाग य — मोबाइल और ध्यान

| ✓ मोबाइल और ध्यान | नहीं | थोड़ा | हाँ |
|---|---|---|---|
| ☐ पढ़ाई के समय फ़ोन दूर था? बच्चे ने खुद रखा। | ☐नहीं | ☐ थोड़ा | ☐हाँ |
| ☐ रील/शॉर्ट्स/गेमिंग — पढ़ाई के समय बिल्कुल नहीं? | ☐नहीं | ☐ थोड़ा | ☐हाँ |
| ☐ रात 10 बजे के बाद फ़ोन — कमरे से बाहर? | ☐नहीं | ☐ थोड़ा | ☐हाँ |
| ☐ मैंने भी पढ़ाई के घंटों में फ़ोन अनुशासन रखा? | ☐नहीं | ☐ थोड़ा | ☐हाँ |
| ☐ तुलना वाली किसी भी पोस्ट पर प्रतिक्रिया नहीं की? | ☐नहीं | ☐ थोड़ा | ☐हाँ |

**अनुभाग य Score:** _____ **/ 15** (हाँ×3 + थोड़ा×2 + नहीं×1)

## अनुभाग र — भावनात्मक स्वास्थ्य

| ✓ भावनात्मक स्वास्थ्य | नहीं | थोड़ा | हाँ |
|---|---|---|---|
| ☐ बच्चा इस सप्ताह सामान्यतः स्थिर था? | ☐नहीं | ☐ थोड़ा | ☐हाँ |
| ☐ तनावग्रस्त या एकांतप्रिय दिखा | ☐नहीं | ☐ | ☐हाँ |

| | | | | |
|---|---|---|---|---|
| | — ध्यान दिया?<br>ध्यान देना = पहला कदम। | | थोड़ा | |
| ☐ | कठिन क्षण में जगह + 'मैं हूँ' दिया — उपदेश नहीं? | ☐नहीं | ☐ थोड़ा | ☐हाँ |
| ☐ | बच्चे के डर या घबराहट को महत्व दिया? | ☐नहीं | ☐ थोड़ा | ☐हाँ |
| ☐ | एक बार अनुभव कराया: 'तू हमारा है — परिणाम जो भी हो'? | ☐नहीं | ☐ थोड़ा | ☐हाँ |
| ☐ | गंभीर घबराहट का संकेत दिखा — नोट किया?<br>हाँ तो परामर्शदाता की योजना है? | ☐नहीं | ☐ थोड़ा | ☐हाँ |

**अनुभाग र Score: _____ / 18** (हाँ×3 + थोड़ा×2 + नहीं×1)

> बच्चे के लिए इस सप्ताह मैंने जो सबसे अच्छी बात की:

## अनुभाग ल — अभ्यास परीक्षा और दोहराव

| ✓ अभ्यास परीक्षा और दोहराव | नहीं | थोड़ा | हाँ |
|---|---|---|---|

| | | | | |
|---|---|---|---|---|
| ☐ | अभ्यास परीक्षा हुई — विश्लेषण भी?<br>परीक्षा ≠ विश्लेषण। दोनों ज़रूरी। | ☐नहीं | ☐ थोड़ा | ☐हाँ |
| ☐ | परीक्षा अंकों पर प्रतिक्रिया सहयोगी थी — उपदेश नहीं? | ☐नहीं | ☐ थोड़ा | ☐हाँ |
| ☐ | दोहराव को पढ़ाई जितना महत्वपूर्ण बताया? | ☐नहीं | ☐ थोड़ा | ☐हाँ |

**अनुभाग ल Score: _____ / 9** (हाँ×3 + थोड़ा×2 + नहीं×1)

✦ ✦ ✦

## आत्म-चिंतन — 1 = बहुत कम | 5 = बहुत अच्छा

| | | | | | |
|---|---|---|---|---|---|
| इस सप्ताह मैं कितना शांत रहा? | ☐1 | ☐2 | ☐3 | ☐4 | ☐5 |
| बच्चे के साथ संवाद कैसा रहा? | ☐1 | ☐2 | ☐3 | ☐4 | ☐5 |
| तुलना और दबाव से कितना बचाया? | ☐1 | ☐2 | ☐3 | ☐4 | ☐5 |
| भावनात्मक ज़रूरतों को कितनी संवेदनशीलता से संभाला? | ☐1 | ☐2 | ☐3 | ☐4 | ☐5 |
| कुल मिलाकर — बच्चे के लिए 'स्थिरक' था/थी? | ☐1 | ☐2 | ☐3 | ☐4 | ☐5 |

**कुल अंक**

अ(/15)+ब(/18)+स(/18)+द(/15)+य(/15)+र(/18)+ल(/9) =
______/ 108

| अंक | स्थिति | मतलब | नोट्स |
|---|---|---|---|
| **85-108** | ☐ बहुत अच्छा | बेहतरीन तालमेल | ________ |
| **65-84** | ☐ ठीक है | कुछ क्षेत्रों में ध्यान | ________ |
| **45-64** | ☐☐ ध्यान दें | कई अंतराल हैं | ________ |
| **35-44** | ☐ ज़रूरी | अभी बदलाव शुरू करें | ________ |

इरादा 1:

इरादा 2:

इरादा 3:

☐ बच्चे से ज़रूर कहूँगा:

☐ खुद में यह बदलूँगा:

# अध्याय १५

## दैनिक अध्ययन अवलोकन पत्रक

निगरानी के लिए नहीं — समझने के लिए।

> यह पत्रक निगरानी के लिए नहीं — पैटर्न समझने के लिए है। बच्चे पर दबाव न डालें। जो स्वाभाविक रूप से दिखे — वह नोट करें।

| ☐ गलत उपयोग | ☐ सही उपयोग |
|---|---|
| रोज़ हर item जाँचना | सप्ताह में 2-3 बार गुणवत्ता देखना |
| बच्चे को दिखाकर दबाव देना | पैटर्न खुद के लिए ट्रैक करना |
| अंकों पर प्रतिक्रिया देना | रुझान देखकर सहयोग समायोजित करना |

**पत्रक १ — दैनिक अध्ययन (बच्चे के लिए)**

*शाम को 5 मिनट में भरें*

| दिनांक: ____________ | दिन: ____________ | सप्ताह: _____ | चरण: ☐1 ☐2 ☐3 |
|---|---|---|---|

## सुबह

| | |
|---|---|
| **उठने का समय?** | ☐ 5:30 से पहले ☐ 6:00 तक ☐ 6:30 तक ☐ 7:00+ |
| **सुबह का मनोदशा?** | ☐ ताज़ा ☐ ठीक ☐ थका ☐ घबराया |
| **नाश्ता हुआ?** | ☐हाँ पूरा ☐थोड़ा ☐नहीं |

## पढ़ाई की गुणवत्ता

| विषय | पढ़ा? | तरीका | आत्मविश्वास | स्मरण? |
|---|---|---|---|---|
| **विषय 1:** ________ | ☐हाँ ☐नहीं | ☐पठन ☐अभ्यास ☐दोहराव | ☐कम ☐ठीक ☐अच्छा | ☐हाँ ☐नहीं |
| **विषय 2:** | ☐हाँ | ☐पठन | ☐कम ☐ठीक | ☐हाँ |

| | | | | |
|---|---|---|---|---|
| ________ | ☐नहीं | ☐अभ्यास<br>☐दोहराव | ☐अच्छा | ☐नहीं |
| **विषय 3:**<br>________ | ☐हाँ<br>☐नहीं | ☐पठन<br>☐अभ्यास<br>☐दोहराव | ☐कम ☐ठीक<br>☐अच्छा | ☐हाँ<br>☐नहीं |
| **विषय 4:**<br>________ | ☐हाँ<br>☐नहीं | ☐पठन<br>☐अभ्यास<br>☐दोहराव | ☐कम ☐ठीक<br>☐अच्छा | ☐हाँ<br>☐नहीं |
| **विषय 5:**<br>________ | ☐हाँ<br>☐नहीं | ☐पठन<br>☐अभ्यास<br>☐दोहराव | ☐कम ☐ठीक<br>☐अच्छा | ☐हाँ<br>☐नहीं |

| | |
|---|---|
| **एकाग्रता?** | ☐☐ पूर्ण ☐☐ बीच-बीच में ☐☐ भटकाव |
| **उत्पादक समय?** | ☐ 70%+ ☐ 40-70% ☐ <40% |
| **भोजन — तीनों समय?** | ☐हाँ सब ☐एक छूटा ☐दो छूटे |
| **शाम का मनोदशा?** | ☐ अच्छा ☐ ठीक ☐ थका ☐ तनावग्रस्त |
| **पढ़ाई के समय फ़ोन?** | ☐ दूर था ☐☐ कभी-कभी ☐ साथ था |
| **सोने का समय?** | ☐10:00 तक ☐10:30 तक ☐11:00+ |

आज की सबसे अच्छी बात:

**कल के लिए एक इरादाः**

**माँ/पापा से कुछ चाहिएः**

# अध्याय १६

# दोहराव योजनाकार

विषयवार संपूर्ण दोहराव ट्रैकर

> उपयोग — प्रत्येक विषय के पृष्ठ पर अध्याय भरें। कठिनाई (आ/म/क) चिह्नित करें।
>
> प्रत्येक दोहराव के बाद: □ टिक करें + दिनांक लिखें।
>
> कमज़ोर अध्याय पर □ — कमज़ोर विषय तालिका में जोड़ें।
>
> आ = आसान   म = मध्यम   क = कठिन
>
> R1 (दिन 1-30) | R2 (दिन 31-60) | R3 (दिन 61-90)

## सभी विषय — संक्षिप्त अवलोकन

| विषय | कुल | R1 | R2 | R3 | कमज़ोर | आत्मविश्वास |
|---|---|---|---|---|---|---|
| □□ भौतिकी | कुल:___ ढका:___ | __/__ | __/__ | __/__ | ___ | □कम □ठीक □उच्च |
| □ रसायन | कुल:___ | __/__ | __/__ | __/__ | ___ | □कम |

| | | | | | | |
|---|---|---|---|---|---|---|
| **विज्ञान** | ढका:___ | | | | | ☐ठीक<br>☐उच्च |
| ☐ **गणित** | कुल:___<br>ढका:___ | __/__ | __/__ | __/__ | ___ | ☐कम<br>☐ठीक<br>☐उच्च |
| ☐ **जीव विज्ञान** | कुल:___<br>ढका:___ | __/__ | __/__ | __/__ | ___ | ☐कम<br>☐ठीक<br>☐उच्च |
| ☐ **हिंदी** | कुल:___<br>ढका:___ | __/__ | __/__ | __/__ | ___ | ☐कम<br>☐ठीक<br>☐उच्च |

## भौतिकी

विषय: ________________ परीक्षा तिथि: ____________

| # | अध्याय | कठिनाई | R1 | R2 | R3 | कमज़ोर? | स्व-जाँच | अभिभावक |
|---|---|---|---|---|---|---|---|---|
| 1 | मात्रक और मापन | E M H | ☐ __ | ☐ __ | ☐ __ | ☐☐ | 1-5 | ☐ |
| 2 | गतिकी | E M H | ☐ __ | ☐ __ | ☐ __ | ☐☐ | 1-5 | ☐ |
| 3 | गति के नियम | E M H | ☐ __ | ☐ __ | ☐ __ | ☐☐ | 1-5 | ☐ |
| 4 | कार्य, ऊर्जा और शक्ति | E M H | ☐ __ | ☐ __ | ☐ __ | ☐☐ | 1-5 | ☐ |
| 5 | गुरुत्वाकर्षण | E M H | ☐ __ | ☐ __ | ☐ __ | ☐☐ | 1-5 | ☐ |
| 6 | ऊष्मीय गुण | E M H | ☐ __ | ☐ __ | ☐ __ | ☐☐ | 1-5 | ☐ |
| 7 | ऊष्मागतिकी | E M H | ☐ __ | ☐ __ | ☐ __ | ☐☐ | 1-5 | ☐ |
| 8 | दोलन | E M H | ☐ __ | ☐ __ | ☐ __ | ☐☐ | 1-5 | ☐ |
| 9 | तरंगें | E M H | ☐ | ☐ | ☐ | ☐☐ | 1-5 | ☐ |

| | | | | | | | | |
|---|---|---|---|---|---|---|---|---|
| 10 | विद्युत आवेश | E M H | ☐ | ☐ | ☐ | ☐☐ | 1-5 | ☐ |
| 11 | विद्युत धारा | E M H | ☐ | ☐ | ☐ | ☐☐ | 1-5 | ☐ |
| 12 | चुंबकीय प्रभाव | E M H | ☐ | ☐ | ☐ | ☐☐ | 1-5 | ☐ |
| 13 | चुंबकत्व | E M H | ☐ | ☐ | ☐ | ☐☐ | 1-5 | ☐ |
| 14 | विद्युत चुम्बकीय प्रेरण | E M H | ☐ | ☐ | ☐ | ☐☐ | 1-5 | ☐ |
| 15 | किरण प्रकाशिकी | E M H | ☐ | ☐ | ☐ | ☐☐ | 1-5 | ☐ |
| 16 | तरंग प्रकाशिकी | E M H | ☐ | ☐ | ☐ | ☐☐ | 1-5 | ☐ |
| 17 | द्वैत प्रकृति | E M H | ☐ | ☐ | ☐ | ☐☐ | 1-5 | ☐ |
| 18 | परमाणु | E M H | ☐ | ☐ | ☐ | ☐☐ | 1-5 | ☐ |
| 19 | नाभिक | E M H | ☐ | ☐ | ☐ | ☐☐ | 1-5 | ☐ |
| 20 | अर्धचालक | E M H | ☐ | ☐ | ☐ | ☐☐ | 1-5 | ☐ |

| भौतिकी | R1: ___/20 | R2: ___/20 | R3: ___/20 | कमज़ोर: ___ | ☐कम ☐ठीक ☐उच्च |
|---|---|---|---|---|---|

☐ **कमज़ोर विषय**

| ☐ कमज़ोर विषय | क्या मुश्किल है | अतिरिक्त दिनांक | स्थिति |
|---|---|---|---|
| ______ | ______ ______ | __/__ __/__ | ☐ कमज़ोर ☐बेहतर ☐पूर्ण |
| ______ | ______ ______ | __/__ __/__ | ☐ कमज़ोर ☐बेहतर ☐पूर्ण |
| ______ | ______ ______ | __/__ __/__ | ☐ कमज़ोर ☐बेहतर ☐पूर्ण |
| ______ | ______ ______ | __/__ __/__ | ☐ कमज़ोर ☐बेहतर |

| | | | ☐पूर्ण |
|---|---|---|---|

**अभिभावक जाँच — भौतिकी**

प्रगति: ☐सही राह पर ☐ध्यान चाहिए ☐अच्छा कर रहे हैं

एक सहयोगी संदेश:

## ☐ रसायन विज्ञान

विषय: ________________ परीक्षा तिथि: ____________

| # | अध्याय | कठिनाई | R1 | R2 | R3 | कमज़ोर? | स्व-जाँच | अभिभावक |
|---|---|---|---|---|---|---|---|---|
| 1 | विलयन | E M H | ☐ __ | ☐ __ | ☐ __ | ☐☐ | 1-5 | ☐ |
| 2 | वैद्युत रसायन | E M H | ☐ __ | ☐ __ | ☐ __ | ☐☐ | 1-5 | ☐ |
| 3 | रासायनिक बलगतिकी | E M H | ☐ __ | ☐ __ | ☐ __ | ☐☐ | 1-5 | ☐ |
| 4 | पृष्ठ रसायन | E M H | ☐ __ | ☐ __ | ☐ __ | ☐☐ | 1-5 | ☐ |
| 5 | p-खंड तत्व | E M H | ☐ __ | ☐ __ | ☐ __ | ☐☐ | 1-5 | ☐ |
| 6 | d और f खंड | E M H | ☐ __ | ☐ __ | ☐ __ | ☐☐ | 1-5 | ☐ |
| 7 | उपसहसंयोजन यौगिक | E M H | ☐ __ | ☐ __ | ☐ __ | ☐☐ | 1-5 | ☐ |
| 8 | हैलोऐल्केन | E M H | ☐ __ | ☐ __ | ☐ __ | ☐☐ | 1-5 | ☐ |
| 9 | ऐल्कोहॉल | E M H | ☐ __ | ☐ __ | ☐ __ | ☐☐ | 1-5 | ☐ |

| | | | | | | | | |
|---|---|---|---|---|---|---|---|---|
| | और फीनॉल | | | | | | | |
| 10 | ऐल्डिहाइड और कीटोन | E M H | □ __ | □ __ | □ __ | □□ | 1-5 | □ |
| 11 | कार्बोक्सिलिक अम्ल | E M H | □ __ | □ __ | □ __ | □□ | 1-5 | □ |
| 12 | ऐमीन | E M H | □ __ | □ __ | □ __ | □□ | 1-5 | □ |
| 13 | जैव अणु | E M H | □ __ | □ __ | □ __ | □□ | 1-5 | □ |
| 14 | बहुलक | E M H | □ __ | □ __ | □ __ | □□ | 1-5 | □ |
| 15 | दैनिक जीवन रसायन | E M H | □ __ | □ __ | □ __ | □□ | 1-5 | □ |
| 16 | ठोस अवस्था | E M H | □ __ | □ __ | □ __ | □□ | 1-5 | □ |

| रसायन विज्ञान | R1: ___/16 | R2: ___/16 | R3: ___/16 | कमज़ोर: ___ | □कम □ठीक □उच्च |
|---|---|---|---|---|---|

□ कमज़ोर विषय

| □ कमज़ोर विषय | क्या मुश्किल है | अतिरिक्त दिनांक | स्थिति |
|---|---|---|---|

| | | | |
|---|---|---|---|
| ________ | ________ | __/__ __/__ | ☐ कमज़ोर ☐ बेहतर ☐पूर्ण |
| ________ | ________ | __/__ __/__ | ☐ कमज़ोर ☐ बेहतर ☐पूर्ण |
| ________ | ________ | __/__ __/__ | ☐ कमज़ोर ☐ बेहतर ☐पूर्ण |
| ________ | ________ | __/__ __/__ | ☐ कमज़ोर ☐ बेहतर ☐पूर्ण |

**अभिभावक जाँच — रसायन विज्ञान**

प्रगति: ☐सही राह पर ☐ध्यान चाहिए ☐अच्छा कर रहे हैं

**एक सहयोगी संदेश:**

☐ **गणित**

विषय: ________________ परीक्षा तिथि:

________________

| # | अध्याय | कठिनाई | R1 | R2 | R3 | कमज़ोर? | स्व-जाँच | अभिभावक |
|---|---|---|---|---|---|---|---|---|
| 1 | संबंध एवं फलन | E M H | ☐ __ | ☐ __ | ☐ __ | ☐☐ | 1-5 | ☐ |
| 2 | प्रतिलोम त्रिकोणमिति | E M H | ☐ __ | ☐ __ | ☐ __ | ☐☐ | 1-5 | ☐ |
| 3 | आव्यूह | E M H | ☐ __ | ☐ __ | ☐ __ | ☐☐ | 1-5 | ☐ |
| 4 | सारणिक | E M H | ☐ __ | ☐ __ | ☐ __ | ☐☐ | 1-5 | ☐ |
| 5 | सांतत्य | E M H | ☐ __ | ☐ __ | ☐ __ | ☐☐ | 1-5 | ☐ |
| 6 | अवकलन | E M H | ☐ __ | ☐ __ | ☐ __ | ☐☐ | 1-5 | ☐ |
| 7 | अवकलज के अनुप्रयोग | E M H | ☐ __ | ☐ __ | ☐ __ | ☐☐ | 1-5 | ☐ |
| 8 | समाकलन | E M H | ☐ __ | ☐ __ | ☐ __ | ☐☐ | 1-5 | ☐ |
| 9 | समाकलन के | E M H | ☐ | ☐ | ☐ | ☐☐ | 1-5 | ☐ |

| | | | | | | | | |
|---|---|---|---|---|---|---|---|---|
| | अनुप्रयोग | | __ | __ | __ | | | |
| 10 | अवकल समीकरण | E M H | ☐ __ | ☐ __ | ☐ __ | ☐☐ | 1-5 | ☐ |
| 11 | सदिश बीजगणित | E M H | ☐ __ | ☐ __ | ☐ __ | ☐☐ | 1-5 | ☐ |
| 12 | त्रिविमीय ज्यामिति | E M H | ☐ __ | ☐ __ | ☐ __ | ☐☐ | 1-5 | ☐ |
| 13 | रैखिक प्रोग्रामन | E M H | ☐ __ | ☐ __ | ☐ __ | ☐☐ | 1-5 | ☐ |
| 14 | प्रायिकता | E M H | ☐ __ | ☐ __ | ☐ __ | ☐☐ | 1-5 | ☐ |

| गणित | R1: ___/14 | R2: ___/14 | R3: ___/14 | कमज़ोर: ___ | ☐कम ☐ठीक ☐उच्च |
|---|---|---|---|---|---|

☐ **कमज़ोर विषय**

| ☐ कमज़ोर विषय | क्या मुश्किल है | अतिरिक्त दिनांक | स्थिति |
|---|---|---|---|
| ______________ | ______________ ______________ _ | __/__ __/__ | ☐ कम ज़ोर |

| | | | |
|---|---|---|---|
| | | | ☐ बेहतर ☐पूर्ण |
| ____ | ____ ____ – | __/__ __/__ | ☐ कम ज़ोर ☐ बेहतर ☐पूर्ण |
| ____ | ____ ____ – | __/__ __/__ | ☐ कम ज़ोर ☐ बेहतर ☐पूर्ण |
| ____ | ____ ____ – | __/__ __/__ | ☐ कम ज़ोर ☐ बेहतर ☐पूर्ण |

**अभिभावक जाँच — गणित**

प्रगति: ☐सही राह पर ☐ध्यान चाहिए ☐अच्छा कर रहे हैं

**एक सहयोगी संदेश:**

## ☐ जीव विज्ञान

विषय: ________________ परीक्षा तिथि: ____________

| # | अध्याय | कठिनाई | R1 | R2 | R3 | कमज़ोर | स्व-जाँच | अभिभावक |
|---|---|---|---|---|---|---|---|---|
| 1 | जीवों में जनन | E M H | ☐ __ | ☐ __ | ☐ __ | ☐☐ | 1-5 | ☐ |
| 2 | पुष्पी पादपों में लैंगिक जनन | E M H | ☐ __ | ☐ __ | ☐ __ | ☐☐ | 1-5 | ☐ |
| 3 | मानव जनन | E M H | ☐ __ | ☐ __ | ☐ __ | ☐☐ | 1-5 | ☐ |
| 4 | जनन स्वास्थ्य | E M H | ☐ __ | ☐ __ | ☐ __ | ☐☐ | 1-5 | ☐ |
| 5 | वंशागति के सिद्धांत | E M H | ☐ __ | ☐ __ | ☐ __ | ☐☐ | 1-5 | ☐ |
| 6 | वंशागति का आणविक आधार | E M H | ☐ __ | ☐ __ | ☐ __ | ☐☐ | 1-5 | ☐ |
| 7 | विकास | E M H | ☐ | ☐ | ☐ | ☐☐ | 1-5 | ☐ |

| | | | | | | | | |
|---|---|---|---|---|---|---|---|---|
| | | | ___ | ___ | ___ | | | |
| **8** | मानव स्वास्थ्य | E M H | ☐ ___ | ☐ ___ | ☐ ___ | ☐☐ | 1-5 | ☐ |
| **9** | मानव कल्याण में सूक्ष्मजीव | E M H | ☐ ___ | ☐ ___ | ☐ ___ | ☐☐ | 1-5 | ☐ |
| **10** | जैव प्रौद्योगिकी: सिद्धांत | E M H | ☐ ___ | ☐ ___ | ☐ ___ | ☐☐ | 1-5 | ☐ |
| **11** | जैव प्रौद्योगिकी: अनुप्रयोग | E M H | ☐ ___ | ☐ ___ | ☐ ___ | ☐☐ | 1-5 | ☐ |
| **12** | जीव और समष्टियाँ | E M H | ☐ ___ | ☐ ___ | ☐ ___ | ☐☐ | 1-5 | ☐ |
| **13** | पारितंत्र | E M H | ☐ ___ | ☐ ___ | ☐ ___ | ☐☐ | 1-5 | ☐ |
| **14** | जैव विविधता | E M H | ☐ ___ | ☐ ___ | ☐ ___ | ☐☐ | 1-5 | ☐ |
| **15** | पर्यावरणीय मुद्दे | E M H | ☐ ___ | ☐ ___ | ☐ ___ | ☐☐ | 1-5 | ☐ |

| जीव विज्ञान | R1: ___/15 | R2: ___/15 | R3: ___/15 | कमज़ोर: ___ | ☐कम ☐ठीक |
|---|---|---|---|---|---|

| | | | | ☐उच्च |
|---|---|---|---|---|

☐ **कमज़ोर विषय**

| ☐ कमज़ोर विषय | क्या मुश्किल है | अतिरिक्त दिनांक | स्थिति |
|---|---|---|---|
| | | / / | ☐कमज़ोर ☐बेहतर ☐पूर्ण |
| | | / / | ☐कमज़ोर ☐बेहतर ☐पूर्ण |
| | | / / | ☐कमज़ोर ☐बेहतर ☐पूर्ण |
| | | / / | ☐कमज़ोर ☐बेहतर ☐पूर्ण |

**अभिभावक जाँच — जीव विज्ञान**

प्रगति: ☐सही राह पर ☐ध्यान चाहिए ☐अच्छा कर रहे हैं

**एक सहयोगी संदेश:**

## हिंदी

विषय: ________________ परीक्षा तिथि: ____________

| # | अध्याय | कठिनाई | R1 | R2 | R3 | कमज़ोर | स्व-जाँच | अभिभावक |
|---|---|---|---|---|---|---|---|---|
| 1 | आरोह — पद्य भाग | E M H | ☐ __ | ☐ __ | ☐ __ | ☐☐ | 1-5 | ☐ |
| 2 | आरोह — गद्य भाग | E M H | ☐ __ | ☐ __ | ☐ __ | ☐☐ | 1-5 | ☐ |
| 3 | वितान — पाठ १ | E M H | ☐ __ | ☐ __ | ☐ __ | ☐☐ | 1-5 | ☐ |
| 4 | वितान — पाठ २ | E M H | ☐ __ | ☐ __ | ☐ __ | ☐☐ | 1-5 | ☐ |
| 5 | वितान — पाठ ३ | E M H | ☐ __ | ☐ __ | ☐ __ | ☐☐ | 1-5 | ☐ |
| 6 | वितान — पाठ ४ | E M H | ☐ __ | ☐ __ | ☐ __ | ☐☐ | 1-5 | ☐ |
| 7 | अभिव्यक्ति: पत्र | E M H | ☐ __ | ☐ __ | ☐ __ | ☐☐ | 1-5 | ☐ |
| 8 | अभिव्यक्ति: निबंध | E M H | ☐ __ | ☐ __ | ☐ __ | ☐☐ | 1-5 | ☐ |

| | | | | | | | | |
|---|---|---|---|---|---|---|---|---|
| 9 | व्याकरण: समास | E M H | ☐ __ | ☐ __ | ☐ __ | ☐☐ | 1-5 | ☐ |
| 10 | व्याकरण: अलंकार | E M H | ☐ __ | ☐ __ | ☐ __ | ☐☐ | 1-5 | ☐ |
| 11 | व्याकरण: रस | E M H | ☐ __ | ☐ __ | ☐ __ | ☐☐ | 1-5 | ☐ |

| हिंदी | R1: ___/11 | R2: ___/11 | R3: ___/11 | कमज़ोर: ___ | ☐कम ☐ठीक ☐उच्च |
|---|---|---|---|---|---|

☐ **कमज़ोर विषय**

| ☐ कमज़ोर विषय | क्या मुश्किल है | अतिरिक्त दिनांक | स्थिति |
|---|---|---|---|
| ______ ___ | ______ ____ | __/__ __/__ | ☐कमज़ोर ☐ बेहतर ☐पूर्ण |
| ______ ___ | ______ ____ | __/__ __/__ | ☐कमज़ोर ☐ बेहतर ☐पूर्ण |
| ______ ___ | ______ ____ | __/__ __/__ | ☐कमज़ोर ☐ बेहतर ☐पूर्ण |
| ______ ___ | ______ ____ | __/__ __/__ | ☐कमज़ोर ☐ बेहतर ☐पूर्ण |

> **अभिभावक जाँच — हिंदी**
> प्रगति: ☐सही राह पर ☐ध्यान चाहिए ☐अच्छा कर रहे हैं
> **एक सहयोगी संदेश:**

**दोहराव के तीन नियम**

**□ एक बार पढ़ें → □ दो बार दोहराएं → □ तीन बार परखें**

## अध्याय १७

# परीक्षा सप्ताह में माता-पिता के लिए नियम

परीक्षा सप्ताह में माता-पिता की भूमिका — तूफान में जो नहीं हिलता।

"पेपर छूट गया। — मेरी बेटी के शब्द, 10वीं बोर्ड के पहले

पेपर के बाद।"

## जब मेरी बेटी रोई — परीक्षा केंद्र के बाहर

मेरी बेटी केंद्रीय विद्यालय में अंग्रेज़ी माध्यम से पढ़ती थी। 10वीं बोर्ड का पहला पेपर था — हिंदी। वह आत्मविश्वास से गई थी, सामग्री जानती थी — लेकिन एक बात छूट गई थी। हिंदी में उत्तर लिखने का अभ्यास। पेपर पूरा नहीं हुआ।

जब वह परीक्षा केंद्र से निकली — रो रही थी। वह पहला पेपर था। अभी पाँच और पेपर बाकी थे।

उस क्षण में मैं भी एक माता-पिता था — शिक्षक नहीं, प्रधानाचार्य नहीं। मुझे पता था — अगले पाँच मिनट बहुत ज़रूरी हैं।

"कोई बात नहीं। बाकी पेपर में समय का ध्यान रखना। सब सही होगा।"

**नतीजा**

बाकी सभी पेपर अच्छे हुए। लगभग 80% अंक आए।

वह संतुष्ट और खुश थी। जीव विज्ञान लेकर आगे बढ़ी।

✔ 80% और खुशी — क्योंकि एक पेपर के बाद सही प्रतिक्रिया दी।

**अगर मैंने उस क्षण में कहा होता — 'इतना पढ़ाया था, फिर**

भी?' — तो बाकी पाँच पेपर का क्या होता?

## परीक्षा सप्ताह में माता-पिता

| यह न करें | यह करें |
|---|---|
| हर घंटे निर्देश देना | उपलब्ध रहें — बाधा न बनें |
| साथ में घबराना | शांत रहकर स्थिरता दें |
| 'कितना पढ़ा?' पूछना | खाना, नींद, गर्मजोशी सुनिश्चित करें |
| 'अब क्या होगा' सोचना | अभी के क्षण को संभालें |

## परीक्षा दिवस — कब क्या करें

| समय | माता-पिता का काम |
|---|---|
| सुबह उठना | घर शांत — सामान्य दिनचर्या, नाश्ता तैयार |
| केंद्र जाते वक्त | सकारात्मक विदाई — कोई उपदेश नहीं |
| छोड़ते वक्त | छोड़कर वापस आएं — |

| | घंटों खड़े न रहें |
|---|---|
| पेपर के बाद | पहले पानी — 'चलो पानी पीते हैं' |
| घर वापस | 30 मिनट — कुछ मत पूछें |
| सोने से पहले | 'तूने अच्छा किया। आराम करो।' — बस |

> **छोड़ते वक्त — अंतिम शब्द**
>
> 'शुभकामनाएं। तू तैयार है। मैं यहाँ हूँ।'
>
> बस इतना। और कुछ नहीं।

## पेपर खराब हो — पहले 60 मिनट का नियम

> **पहले 60 मिनट —**
>
> पानी दें। खाना दें। पास बैठें। बस।
>
> पेपर की चर्चा — 24 घंटे बाद।
>
> अगले पेपर की तैयारी — शाम को।
>
> आज सिर्फ माँ-पापा बनें।

## 15 सुनहरे नियम

१. घर = सुरक्षित स्थान — तनाव और झगड़ा बाहर।

२. नींद अनिवार्य — रात 10 बजे सोना।

३. परिचित हल्का नाश्ता — नया या भारी भोजन नहीं।

४. परीक्षा केंद्र का रास्ता पहले से तय — 30 मिनट पहले।

५. प्रवेश पत्र रात को ही तैयार।

६. छोड़कर चले आएं — घंटों खड़े न रहें।

७. पेपर के बाद — पहले पानी।

८. पेपर पर चर्चा न करें।

९. सामान्य गर्मजोशी — तनावपूर्ण नहीं।

१०. रिश्तेदारों के फ़ोन संभालें।

११. विदाई के तीन शब्द — 'शुभकामनाएं, तू तैयार है, मैं हूँ।'

१२. पेपर खराब हो — पहले चुप्पी।

१३. हर पेपर नई शुरुआत।

१४. परीक्षा के दौरान फ़ोन न करें।

१५. हर रात कहें — 'हम तेरे साथ हैं।'

**अध्याय सार**

१. परीक्षा सप्ताह में माता-पिता तूफान में स्थिर रहें।

२. पेपर खराब हो — 60 मिनट: पानी, खाना, साथ। पेपर की बात नहीं।

३. हर पेपर नई शुरुआत है।

४. 15 नियम — परीक्षा से एक हफ्ते पहले पढ़ें।

# अध्याय १८

# अंतिम 10 दिन: क्या करें, क्या न करें

बच्चा आपकी सबसे बड़ी संपदा है — कोई डिग्री उससे बड़ी नहीं।

"बच्चा एक माता-पिता की संपदा है — जो किसी पाठ्यक्रम या परीक्षा परिणाम से कम नहीं होती।"

## वह पैटर्न — जो मैंने बार-बार देखा

यह मेरा व्यक्तिगत अनुभव है — किसी किताब से नहीं, अपनी आँखों से देखा हुआ।

| ये बच्चे आत्मविश्वासी रहते हैं | ये बच्चे अंत में डगमगाते हैं |
|---|---|
| समय-सारणी + सहयोगी घर | समय-सारणी है पर घर तनावपूर्ण |
| माता-पिता शांत — परिणाम की बात कम | हर बातचीत अंकों के बारे में |
| अंतिम दिनों में सहज | अंतिम दिनों में घबराए हुए |

| परीक्षा में अच्छा प्रदर्शन | समय-सारणी सही होने पर भी कम अंक |
|---|---|

> **परिणाम का अंतर अक्सर पढ़ाई की सामग्री में नहीं — घर के माहौल में होता है।**

## एक कड़वा सच — जो कहना ज़रूरी है

परिवार के दबाव में पढ़ने वाले बच्चे पेशेवर पाठ्यक्रम में दाखिला लेने के बावजूद अक्सर पूरा नहीं कर पाते। कुछ तो ऐसे क्षणों तक पहुँच जाते हैं जो किसी भी माता-पिता के लिए सबसे कठिन सच है।

> **यह बात मैं इसलिए कह रहा हूँ —**
> अगर यह किताब पढ़कर एक भी माता-पिता यह समझ जाएं कि उनके बच्चे की ज़िंदगी किसी डिग्री से ज़्यादा कीमती है — तो यह किताब सफल है।
> एक छोटी डिग्री करके खुश रहने वाला बच्चा — एक बड़ी डिग्री के बोझ तले टूटे बच्चे से हज़ार गुना बेहतर है।
> क्योंकि वह बच्चा आपके साथ है।

## बच्चे से यह ज़रूर कहें

"तू हमारी जान है — किसी पाठ्यक्रम से कम नहीं। अगर MBBS नहीं हुआ तो DMLT भी ज़िंदगी बनाती है। जो भी करे — खुश रहे। और हमारे साथ रहे। बस यही काफी है।"

## अंतिम 10 दिनों की योजना

| दिन — काम | बच्चा — माता-पिता |
|---|---|
| दिन 10: योजना + कमज़ोर सूची | कमज़ोर अध्याय सूची — शांत साथ |
| दिन 9-8: विषय 1 व 2 दोहराव | त्वरित दोहराव — शांत माहौल |
| दिन 7: विषय 3 + अभ्यास परीक्षा 1 | परीक्षा के बाद: 'कैसा लगा?' — संक्षेप में |
| दिन 6: गलतियों का विश्लेषण | विश्लेषण में निष्क्रिय सहयोग |
| दिन 5: विषय 4 व 5 | अगर कुछ छूट गया — बफर दिन |
| दिन 4: अभ्यास परीक्षा 2 | परीक्षा केंद्र का रास्ता तय। सामग्री तैयार। |
| दिन 3: सिर्फ सूत्र पत्रक | 'तू तैयार है' — बस यह कहें। |
| दिन 2: हल्की पढ़ाई + आराम | सामान्य घर। पसंदीदा खाना। |

| दिन 1: सब तैयार | रात 10 बजे सोना। गर्मजोशी से शुभरात्रि। |
|---|---|

**तीन सुनहरे नियम**

१. दिन 1 (परीक्षा की रात) — रात 10 बजे सोना। कुछ नया नहीं।

२. दो पूर्ण अभ्यास परीक्षाएं — अंक नहीं, गलतियाँ देखें।

३. दिन 3-1 — सूत्र + ज्ञात सामग्री। नया = घबराहट।

## करें — न करें

| ☐ ज़रूर करें | ☐ बिल्कुल न करें |
|---|---|
| त्वरित दोहराव — सभी विषय | नया अध्याय — बिल्कुल नहीं |
| 2 अभ्यास परीक्षाएं — समय में | रात जागना |
| कमज़ोर विषय — लक्षित सत्र | अंकों की तुलना दोस्तों से |
| नींद 7-8 घंटे — हर रात | माता-पिता की घबराहट बच्चे तक |
| घर का माहौल — सामान्य | '90+ आने चाहिए' — यह |

| और गर्म | नहीं |
| --- | --- |
| 'तू हमारा है' — रोज़ कहें | सामाजिक माध्यम पर परीक्षा चर्चा |

✦ ✦ ✦

**इस पूरी किताब का सार**

बच्चा आपकी संपदा है।

कोई डिग्री उससे बड़ी नहीं।

जो भी करे — खुश रहे।

और सबसे बड़ी बात — वह बच्चा आपके साथ रहे।

**अध्याय सार**

१. जो बच्चे सहयोगी घर के साथ पढ़ते हैं — अंतिम दिनों में आत्मविश्वासी होते हैं।

२. अंतिम 10 दिन — दोहराव, अभ्यास परीक्षाएं, आराम। नया नहीं।

३. करें: दोहराव, अभ्यास परीक्षाएं, नींद, गर्म घर।

४. न करें: नया अध्याय, रात जागना, तुलना, माता-पिता की घबराहट।

५. सबसे बड़ा सच: बच्चा आपकी संपदा है।

*अंतिम शब्द*

## परीक्षा बच्चे की, तैयारी आपकी

*अगर आपने इस किताब को यहाँ तक पढ़ा है...*

**तो आप पहले ही बाकी माता-पिता से आगे हैं।**

अब बस एक चीज़ बाकी है —

**जो आपने सीखा है, उसे लागू करना।**

*क्योंकि...*

**परीक्षा बच्चे की है**

**लेकिन उसकी तैयारी आपकी है**

अगर यह किताब आपके काम आई —

**तो इसे किसी और** अभिभावक
**तक ज़रूर पहुँचाएं।**

क्योंकि हर बच्चा चाहता है

**एक समझदार माता-पिता**

| ❤ | | |
|---|---|---|
| **बच्चे को** अंक **की ज़रूरत नहीं — आपकी ज़रूरत है।** | **घर का** माहौल बदलो — परिणाम **बदलेगा।** | बच्चा आपकी सबसे बड़ी पूँजी है। |

*"घर का माहौल बदलो—*

***बच्चे का परिणाम बदलेगा।"***

*— परीक्षा बच्चे की, तैयारी आपकी*

www.ingramcontent.com/pod-product-compliance
Lightning Source LLC
LaVergne TN
LVHW022008200926
848481LV00007B/2293
* 9 7 9 8 9 0 5 1 0 1 3 5 9 *